皮特猫 43

掉牙我不怕

[美] 詹姆斯·迪安/图文
张弘/译

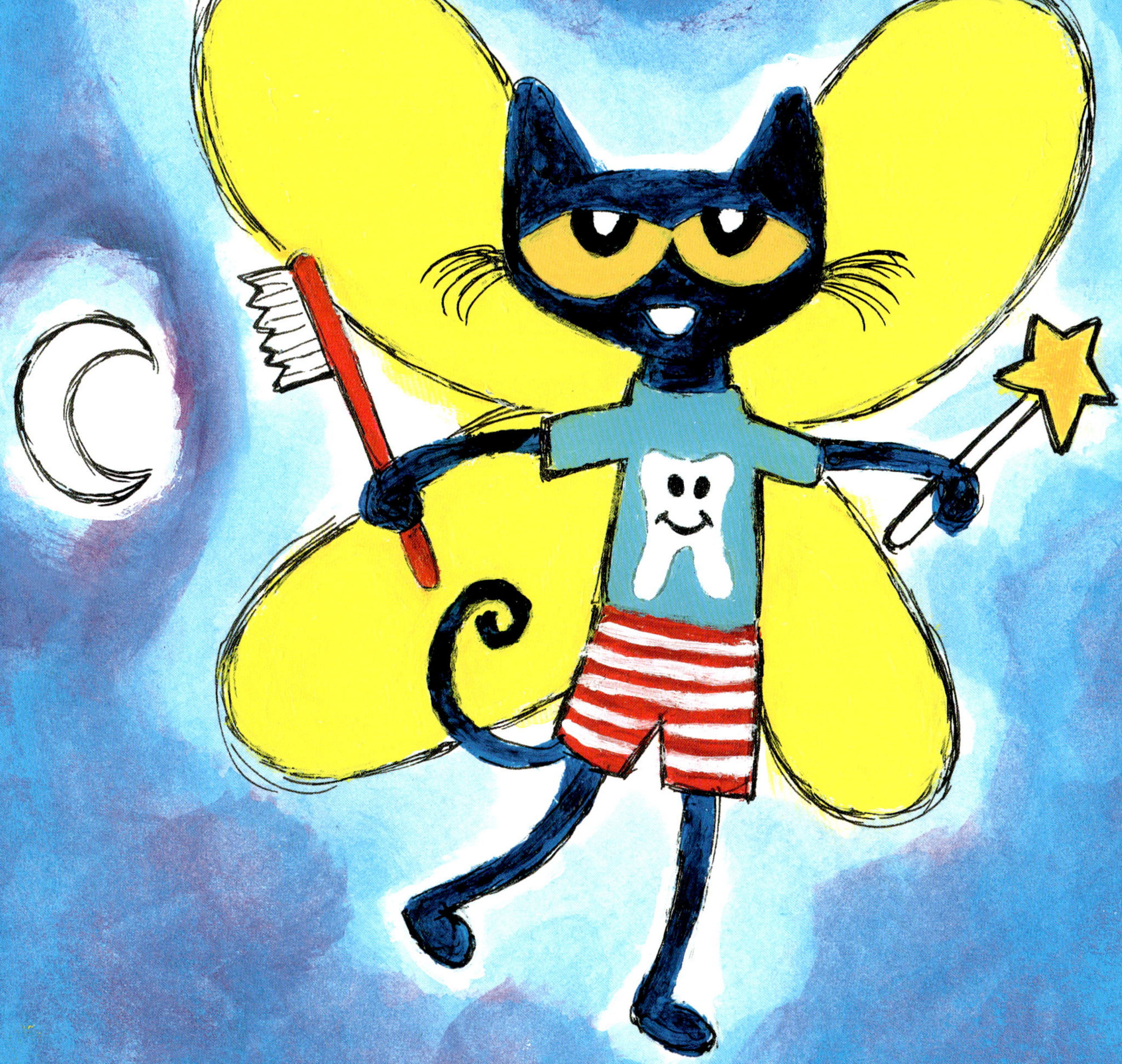

文匯出版社

小读客童书

图书在版编目（CIP）数据

掉牙我不怕 /（美）詹姆斯·迪安图文；张弘译. -- 上海：文汇出版社，2021.4
（3-6岁好性格养成书. 皮特猫. 第八辑）
ISBN 978-7-5496-3389-0

Ⅰ.①掉… Ⅱ.①詹… ②张… Ⅲ.①儿童故事 - 图画故事 - 美国 - 现代 Ⅳ.①I712.85

中国版本图书馆CIP数据核字（2021）第057667号

PETE THE CAT AND THE LOST TOOTH by James Dean
Copyright © 2017 by James Dean
Simplified Chinese translation copyright © 2021 by Dook Media Group Limited
Published by arrangement with HarperCollins Children's Books through Bardon-Chinese Media Agency
ALL RIGHTS RESERVED

中文版权 © 2021读客文化股份有限公司
经授权，读客文化股份有限公司拥有本书的中文（简体）版权

图字：09-2020-1071

掉牙我不怕

| 作　　者 | / | （美）詹姆斯·迪安 |
| 译　　者 | / | 张　弘 |

责任编辑	/	文　荟
特邀编辑	/	赵佳琪　蔡若兰
封面装帧	/	向　静
内文设计	/	徐　瑾

出版发行	/	文汇出版社
		上海市威海路755号
		（邮政编码200041）
经　　销	/	全国新华书店
印刷装订	/	天津联城印刷有限公司
版　　次	/	2021年4月第1版
印　　次	/	2021年4月第1次印刷
开　　本	/	889mm × 1194mm　1/16
总 字 数	/	8千字
总 印 张	/	9.5

ISBN 978-7-5496-3389-0
定　　价 / 139.90元（共六册）

侵权必究

装订质量问题，请致电010-87681002（免费更换，邮寄到付）

皮特掉了一颗牙。

妈妈说:"把它放枕头底下,等小牙仙来吧。"

皮特把掉下的牙齿放在枕头底下，闭起了眼睛。

他听到一声"丁零",是小牙仙来了!

"我今晚特别忙。"小牙仙说。
"那我来帮你!"皮特说。

"太棒了!"
她给了皮特一对魔力翅膀。皮特能飞啦!

"去找这些酷小孩吧。"小牙仙说。

"你拿走牙齿,然后留下硬币。"她说。
皮特准备好要出发了!

名单上第一个就是凯莉。

这是凯莉掉的牙齿!

皮特拿走了牙齿，给凯莉留下一枚硬币。

接下来是谁呢?
鳄鱼!

瞧!
鳄鱼掉的牙!
特别尖锐,要非常小心!

皮特拿走了牙齿,给鳄鱼留下一枚硬币。

接下来是谁呢?
鸭嘴兽格斯!

牙齿在哪儿?

这儿没有牙齿。

那儿也没有牙齿。

哪儿都没有牙齿。

格斯的牙齿掉哪儿了？

掉了的牙齿真的不见了！
皮特慌了吗？
他才不呢！他知道该怎么办。

瞧！格斯醒了。
"格斯，你的牙齿呢？"皮特问。

格斯回答:"我们鸭嘴兽没长牙齿。"

"但我也想玩小牙仙的游戏!"

"别担心!"皮特说。
皮特在格斯的枕头下放了一枚硬币。

"谢谢你呀!"格斯说。

"不用谢。"皮特说,"晚安,格斯!"

"辛苦啦,皮特!"小牙仙说。

"小事一桩。"皮特说。

每个人都不同，友爱善良才最酷。

皮特猫 ㊹
毛毛虫变变变

〔美〕詹姆斯·迪安 / 图文
〔美〕金柏莉·迪安 / 文
张弘 / 译

文汇出版社

图书在版编目(CIP)数据

毛毛虫变变变/(美)詹姆斯·迪安图文;(美)金柏莉·迪安文;张弘译.--上海:文汇出版社,2021.4

(3-6岁好性格养成书.皮特猫.第八辑)

ISBN 978-7-5496-3389-0

I.①毛… II.①詹…②金…③张… III.①儿童故事-图画故事-美国-现代 IV.①I712.85

中国版本图书馆CIP数据核字(2021)第057662号

PETE THE CAT AND THE COOL CATERPILLAR by James Dean
Art copyright © 2018 by James Dean
Text copyright © 2018 by James Dean and Kimberly Dean
Simplified Chinese translation copyright © 2021 by Dook Media Group Limited
Published by arrangement with HarperCollins Children's Books, a division of HarperCollins Publishers through Bardon-Chinese Media Agency
ALL RIGHTS RESERVED

中文版权 © 2021读客文化股份有限公司
经授权,读客文化股份有限公司拥有本书的中文(简体)版权

图字:09-2020-1071

毛毛虫变变变

作　　者	(美)詹姆斯·迪安(图文)
	(美)金柏莉·迪安(文)
译　　者	张　弘
责任编辑	文　荟
特邀编辑	赵佳琪　蔡若兰
封面装帧	向　静
内文设计	徐　瑾
出版发行	文汇出版社
	上海市威海路755号
	(邮政编码 200041)
经　　销	全国新华书店
印刷装订	天津联城印刷有限公司
版　　次	2021年4月第1版
印　　次	2021年4月第1次印刷
开　　本	889mm × 1194mm　1/16
总 字 数	8千字
总 印 张	9.5

ISBN 978-7-5496-3389-0
定　　价 / 139.90元(共六册)

侵权必究

装订质量问题,请致电010-87681002(免费更换,邮寄到付)

皮特去捉小虫虫!

他和好朋友们东找找,西找找。
他们能找到多少只小虫虫呢?

凯莉找到了一只小小小小的黑蚂蚁。
"它在堆一座蚂蚁小山!"凯莉说。
"好棒!"皮特说。

鸭嘴兽格斯在薄荷田间找到了一只圆圆的红色的瓢虫。

"它有9个黑点点!"格斯说。

"好美!"皮特说。

马蒂发现了一只大大的黑蜘蛛。
"它抓住了一只苍蝇。"马蒂说。
"干得漂亮!"皮特说。

皮特在花盆里找到了一只绿色的毛毛虫。
"我要把它带回家给妈妈爸爸看看。"他说。

妈妈帮助皮特给毛毛虫建新家。
他们找来了一个大大的玻璃罐子。

爸爸在玻璃罐的盖子上戳了很多小洞洞,让空气进去。

皮特把毛毛虫放进罐子里。

皮特放进几片树叶给毛毛虫啃，还加了一小根树枝任它爬。

"晚安,皮特。"妈妈说。
"晚安,皮特。"爸爸说。
"晚安,毛毛虫。"皮特说。

当皮特醒来时,毛毛虫不见了!
它去哪里了?
逃跑了吗?

"它哪儿都没去。"妈妈说。
"它也没有逃跑。"爸爸说。
"瞧!"爸爸妈妈指了指。

"毛毛虫就在这里面呢。"妈妈说,"这叫'蛹'。"

"它会永远待在里面吗?"皮特问。

"不会。"爸爸说,"毛毛虫正在变变变呢。"

"它会变成什么呢?"皮特问。

"现在不能透露噢!"妈妈说,"我们一定要耐心等待。"

皮特等啊等。
凯莉来找他玩。
"毛毛虫出来了吗?"她问。
"还没呢!"皮特说。

皮特又等啊等。
格斯来找他玩。
"毛毛虫出来了吗?"他问。
"还没呢!"皮特说。

皮特还在继续等。
马蒂来找他玩。
"毛毛虫出来了吗?"他问。
"还没呢!"皮特说。

有那么一天,终于——

蛹开始扭来扭去!

"在变啦,在变啦!"皮特说。

蛹扭得更厉害了。

大家都跑来看。

蛹裂开了,有什么钻了出来!
会是什么呢?

小脑袋,探出来,
细细腿,伸出来,
一对彩色的翅膀张开来!

毛毛虫变成了一只漂亮的蝴蝶!
"哇!"皮特赞叹道。

蝴蝶缓缓地上下摆动翅膀,准备起飞了。

大家捧着玻璃罐来到公园。
"该说再见啦!"爸爸说。
于是皮特打开盖子。

蝴蝶扑扇着翅膀,飞出罐子,落到皮特的鼻尖上。

"好痒呀。"皮特说。

蝴蝶飞呀飞,飞到了天上。
大家和它道别:"再见啦,蝴蝶!"

"我们再去找一只毛毛虫吧!"皮特说。
"变变变,太酷啦!"

皮特猫 ㊺
第一次去露营

[美] 詹姆斯·迪安/图文　余治莹/译

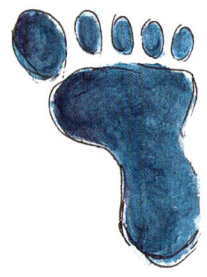

图书在版编目（CIP）数据

第一次去露营/(美)詹姆斯·迪安图文；余治莹译. -- 上海：文汇出版社，2021.4

（3-6岁好性格养成书. 皮特猫. 第八辑）

ISBN 978-7-5496-3389-0

Ⅰ.①第… Ⅱ.①詹…②余… Ⅲ.①儿童故事-图画故事-美国-现代 Ⅳ.①I712.85

中国版本图书馆CIP数据核字（2021）第057671号

PETE THE CAT GOES CAMPING by James Dean
Copyright © 2018 by James Dean
Simplified Chinese translation copyright © 2021 by Dook Media Group Limited
Published by arrangement with HarperCollins Children's Books, a division of HarperCollins Publishers through Bardon-Chinese Media Agency
ALL RIGHTS RESERVED

中文版权 © 2021读客文化股份有限公司

经授权，读客文化股份有限公司拥有本书的中文（简体）版权

图字：09-2020-1071

第一次去露营

作　　者 /	(美)詹姆斯·迪安
译　　者 /	余治莹
责任编辑 /	文　荟
特邀编辑 /	赵佳琪　蔡若兰
封面装帧 /	向　静
内文设计 /	徐　瑾
出版发行 /	文汇出版社
	上海市威海路755号
	（邮政编码 200041）
经　　销 /	全国新华书店
印刷装订 /	天津联城印刷有限公司
版　　次 /	2021年4月第1版
印　　次 /	2021年4月第1次印刷
开　　本 /	889mm × 1194mm　1/16
总 字 数 /	8千字
总 印 张 /	9.5

ISBN 978-7-5496-3389-0

定　　价 / 139.90元（共六册）

侵权必究

装订质量问题，请致电010-87681002（免费更换，邮寄到付）

皮特很开心要去露营了。
这是他的第一次露营。

"不要忘记你的睡袋。"爸爸说。
"还有你的登山鞋。"妈妈说。

爸爸和妈妈在树林深处的露营地搭起了帐篷。

皮特和鲍勃帮忙捡木柴来生火。

然后，皮特和鲍勃去散步。
鲍勃指着那不知是什么动物的脚印给皮特看。

"你觉得我们会遇到酷酷的东西吗?"皮特问。
"也许吧。"鲍勃说。

接着,皮特和爸爸去钓鱼。
他们必须非常安静,非常有耐心,才能钓到鱼。

花了很多时间，他们终于钓到了一条鱼。

妈妈生起火来。
她煮了一顿美味的鱼晚餐。

接下来,皮特烤了棉花糖,还做了巧克力棉花糖夹心饼。

天开始变黑。
鲍勃给皮特讲了一个可怕的、毛茸茸的巨人故事。

巨人叫作大脚丫，就住在树林里。

"你说,大脚丫是不是就住这儿呢?"皮特问。

"从来没有人见过大脚丫。"鲍勃说。
"不要被鲍勃吓到。"爸爸说。
"大脚丫不是真的。"妈妈说。

皮特松了一口气。

"如果真的有巨人,我相信他会很和善。"爸爸说,"他也会喜欢巧克力棉花糖夹心饼。"

这并不可怕,皮特想。
也许巨人想要巧克力棉花糖夹心饼。
皮特留了一个给他毛茸茸的朋友。

很快，睡觉时间到了。
"熄灯了，孩子们！"爸爸说。

鲍勃和皮特共享一个帐篷。
皮特钻进他的睡袋里。
睡袋很舒适，可是皮特睡不着。

树林里看起来特别黑。
所有的声音在晚上听起来也特别大。

皮特听到奇怪的嗖嗖声。
"那是什么？"他问鲍勃。

"只是风声而已。"鲍勃说。

皮特听到古怪的吱喳叫。
"那是什么?"他大声问。

那些是蟋蟀的声音。

皮特听到奇怪的呼呼声。
"那是什么?"他很好奇。

那是一只猫头鹰。
皮特想到他的朋友——智慧的猫头鹰。

皮特听到很大的声音。
嘭啪！
"那是什么？"他很好奇。
但是鲍勃早就睡着了。

皮特仔细地听。
噼啪!

是大脚丫吗?
皮特偷偷看外面。
天太黑了,什么也看不见。

皮特醒来后,他发现留给大脚丫夹心饼的地方有东西。

巧克力棉花糖夹心饼已经不见了。

那里有一张字条。

上面写着：谢谢招待。

皮特拿给家人看。
"我知道真的有大脚丫。"鲍勃说。

皮特知道大脚丫不可怕。
他看起来不一样,并不表示他很可怕。
他也喜欢巧克力棉花糖夹心饼。

皮特猫 46

第一个感恩节

〔美〕詹姆斯·迪安/图文
章喆/译

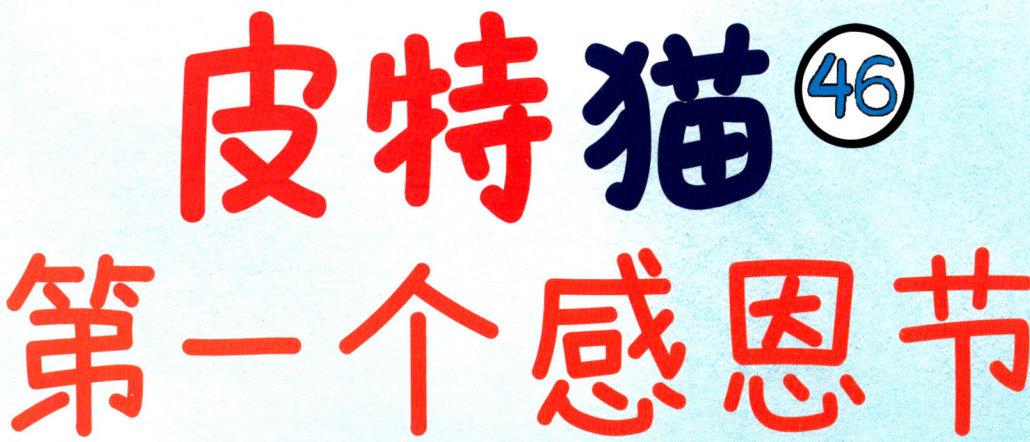

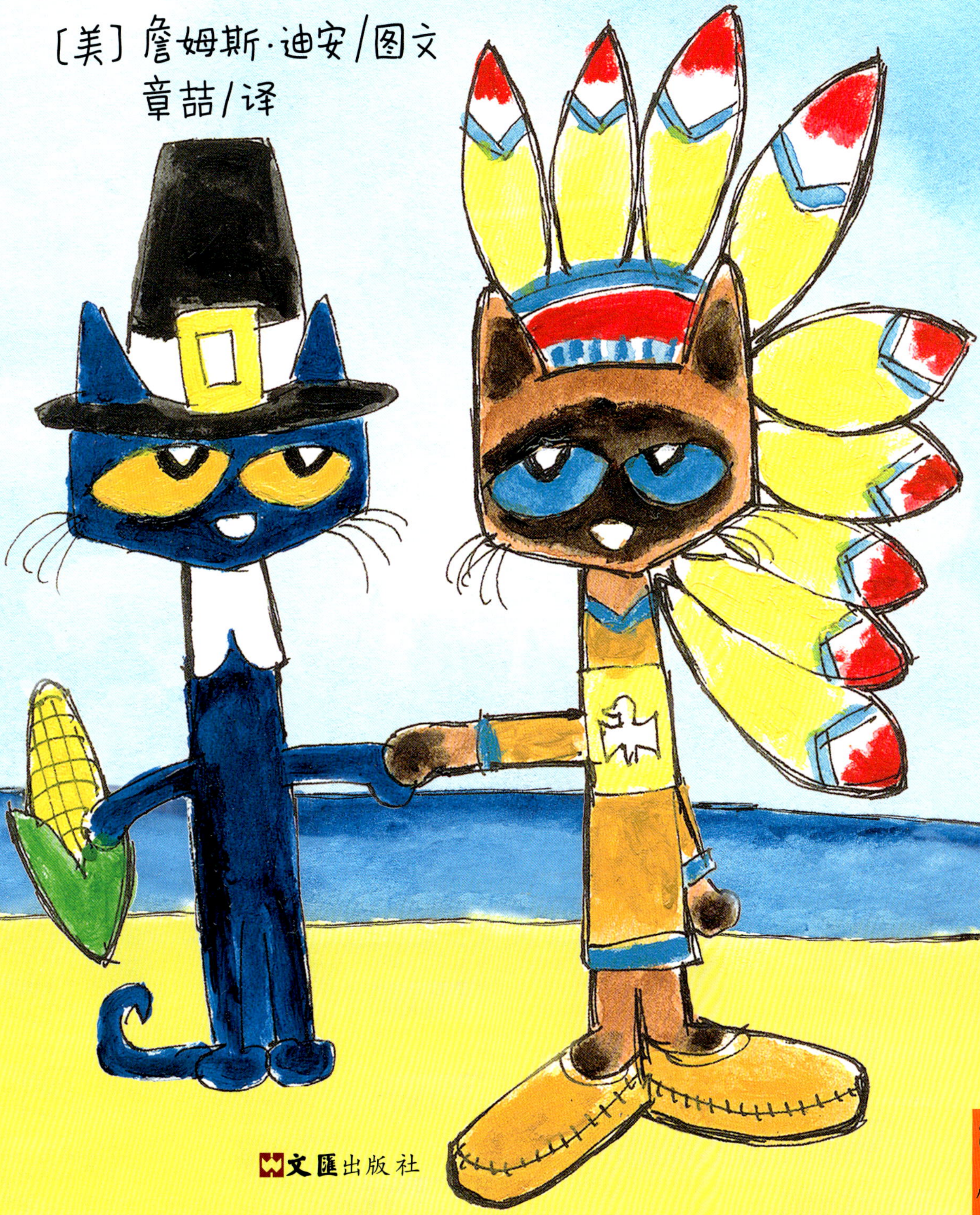

文汇出版社

小读客童书

皮特要在班级的感恩节表演里扮演第一批从英国前往美洲的移民①。

皮特很紧张。

"只要尽力就好啦！"皮特最好的朋友凯莉说。

① 移民：从一个国家或地区，迁移到另一个国家或者地区定居的人。

皮特说，他会试试的。

他做足了准备。

为此，妈妈甚至给他做了一顶看起来超酷的帽子。

　　同学们用纸板做了一艘巨大的船——"五月花号",皮特站在船头。

　　皮特是"五月花号"上的一名移民。

1620年，一批人决定离开英国。他们乘上了"五月花号"，前往新世界，开创新生活。

"这是一段长——长的旅程，我们坐在大——大的船上。"船上的人们唱道。

但为了实现前往新世界、开创新生活的梦想，一切艰险都值得。

他们在海上航行了两个多月。

1620年
9月

	1	2	3	4	5	6 航行开始
7	8	9	10	11	12	13
14	15	16	17	18	19	20
21	22	23	24	25	26	27
28	29	30				

在大海上航行了65天之后,新世界终于出现了!

他们上岸的地方,就是现在马萨诸塞州的普利茅斯。

每个人都有很多的活要干,比如种植粮食、寻找水源……

新世界的第一个冬天漫长且艰难。

　　移民们想到，或许可以求助原住民，但他们又担心原住民不欢迎自己。
　　皮特可从来没有遇到过自己不喜欢的猫，所以他觉得原住民们也会很友好。

皮特是对的。皮特和其中一个原住民斯匡托交上了朋友。斯匡托和其他原住民教大家怎样种植粮食,比如玉米、豆子、南瓜等。

丰收的秋天到了!移民们收获了一大堆食物。为了感谢斯匡托和其他原住民,皮特邀请他们来分享丰盛的食物。

演出结束时,皮特松了一大口气。他没忘词!

"哇,我之前从没想过,移民们当时有那么艰难!"皮特说。

后来,在和家人一起吃感恩节晚餐时,皮特说:"让我们围坐到桌边,说说我们想要感谢些什么吧!"

"你想感谢什么?"

图书在版编目（CIP）数据

第一个感恩节 /（美）詹姆斯·迪安图文 ; 章喆译
. -- 上海：文汇出版社，2021.4
（3-6岁好性格养成书. 皮特猫. 第八辑）
ISBN 978-7-5496-3389-0

Ⅰ. ①第… Ⅱ. ①詹… ②章… Ⅲ. ①儿童故事 - 图画故事 - 美国 - 现代 Ⅳ. ①I712.85

中国版本图书馆CIP数据核字（2021）第057664号

PETE THE CAT THE FIRST THANKSGIVING by James Dean
Copyright © 2013 by James Dean
Simplified Chinese translation copyright © 2021 by Dook Media Group Limited
Published by arrangement with HarperCollins Children's Books through Bardon-Chinese Media Agency
ALL RIGHTS RESERVED

中文版权 © 2021读客文化股份有限公司
经授权，读客文化股份有限公司拥有本书的中文（简体）版权

图字：09-2020-1071

第一个感恩节

作　　者 /	（美）詹姆斯·迪安
译　　者 /	章　喆
责任编辑 /	文　荟
特邀编辑 /	赵佳琪　蔡若兰
封面装帧 /	向　静
内文设计 /	徐　瑾
出版发行 /	文汇出版社 上海市威海路755号 （邮政编码 200041）
经　　销 /	全国新华书店
印刷装订 /	天津联城印刷有限公司
版　　次 /	2021年4月第1版
印　　次 /	2021年4月第1次印刷
开　　本 /	889mm × 1194mm　1/16
总 字 数 /	8千字
总 印 张 /	9.5

ISBN 978-7-5496-3389-0
定　　价 / 139.90元（共六册）

侵权必究

装订质量问题，请致电010-87681002（免费更换，邮寄到付）

万圣节到啦!

皮特猫换上超人装,要去一家家地敲门喊"不给糖,就捣蛋"。

他可激动了!

"希望不要有太可怕的事情发生哦!"皮特说。

"别担心。"皮特爸爸说,"我们带着手电筒呢!"

"那我们就出发吧。不给糖,就捣蛋!"皮特说。

皮特和爸爸走到外面。

呼!

风吹树叶沙沙作响。皮特看见树上有什么东西在动。

他们来到邻居家。

皮特按响了门铃。他听到屋里有个奇怪的声音越来越近。

凯莉、皮特和皮特爸爸,一起去玩"不给糖,就捣蛋"。

他们来到第二家。
院子里有个大黑影。

皮特按响了门铃。"不给糖，就捣蛋！"皮特和凯莉喊。

再到下一家,台阶上什么东西闪啊闪。

凯莉按响了门铃。"不给糖，就捣蛋！"皮特和凯莉喊。

突然，他们听到身后有什么动静！
"会是什么？"凯莉问。

图书在版编目（CIP）数据

不给糖，就捣蛋 /（美）詹姆斯·迪安图文；张弘译. -- 上海：文汇出版社，2021.4
（3-6岁好性格养成书. 皮特猫. 第八辑）
ISBN 978-7-5496-3389-0

Ⅰ.①不… Ⅱ.①詹…②张… Ⅲ.①儿童故事-图画故事-美国-现代 Ⅳ.①I712.85

中国版本图书馆CIP数据核字（2021）第057673号

PETE THE CAT TRICK OR PETE by James Dean
Copyright © 2017 by James Dean
Simplified Chinese translation copyright © 2021 by Dook Media Group Limited
Published by arrangement with HarperCollins Children's Books through Bardon-Chinese Media Agency
ALL RIGHTS RESERVED

中文版权 © 2021读客文化股份有限公司
经授权，读客文化股份有限公司拥有本书的中文（简体）版权

图字：09-2020-1071

不给糖，就捣蛋

作　　者	（美）詹姆斯·迪安
译　　者	张　弘
责任编辑	文　荟
特邀编辑	赵佳琪　蔡若兰
封面装帧	向　静
内文设计	徐　瑾
出版发行	文汇出版社 上海市威海路755号 （邮政编码200041）
经　　销	全国新华书店
印刷装订	天津联城印刷有限公司
版　　次	2021年4月第1版
印　　次	2021年4月第1次印刷
开　　本	889mm × 1194mm　1/16
总字数	8千字
总印张	9.5

ISBN 978-7-5496-3389-0
定　　价 / 139.90元（共六册）

侵权必究
装订质量问题，请致电010-87681002（免费更换，邮寄到付）

皮特猫 ㊽
一直向前走

[美] 詹姆斯·迪安 / 图文
[美] 金柏莉·迪安 / 文
余治莹 / 译

文汇出版社

图书在版编目（CIP）数据

一直向前走 /（美）詹姆斯·迪安图文；（美）金柏莉·迪安文；余治莹译.-- 上海：文汇出版社，2021.4

（3-6岁好性格养成书.皮特猫.第八辑）

ISBN 978-7-5496-3389-0

Ⅰ.①一… Ⅱ.①詹… ②金… ③余… Ⅲ.①儿童故事-图画故事-美国-现代 Ⅳ.①I712.85

中国版本图书馆CIP数据核字（2021）第057631号

PETE THE CAT PETES GO MARCHING by Kimberly & James Dean
Text copyright © 2018 by James Dean and Kimberly Dean
Art copyright © 2018 by James Dean
Simplified Chinese translation copyright © 2021 by Dook Media Group Limited
Published by arrangement with HarperCollins Children's Books, a division of HarperCollins Publishers through Bardon-Chinese Media Agency
ALL RIGHTS RESERVED

中文版权 © 2021读客文化股份有限公司

经授权，读客文化股份有限公司拥有本书的中文（简体）版权

图字：09-2020-1071

一直向前走

作　　者	/	（美）詹姆斯·迪安（图文）
		（美）金柏莉·迪安（文）
译　　者	/	余治莹
责任编辑	/	文　荟
特邀编辑	/	赵佳琪　蔡若兰
封面装帧	/	向　静
内文设计	/	徐　瑾
出版发行	/	文汇出版社
		上海市威海路755号
		（邮政编码 200041）
经　　销	/	全国新华书店
印刷装订	/	天津联城印刷有限公司
版　　次	/	2021年4月第1版
印　　次	/	2021年4月第1次印刷
开　　本	/	889mm × 1194mm　1/16
总 字 数	/	8千字
总 印 张	/	9.5

ISBN 978-7-5496-3389-0

定　　价 / 139.90元（共六册）

侵权必究

装订质量问题，请致电010-87681002（免费更换，邮寄到付）

皮特皮特向前走，一只一只自己走。走啊走！
皮特皮特向前走，一只一只自己走。走啊走！

皮特皮特向前走，一只一只自己走。
最帅的停下来弹一首。
然后继续向前走，大雨来前快快走。

一、二、一！

好多皮特向前走,两只两只一起走。走啊走!
好多皮特向前走,两只两只一起走。走啊走!

好多皮特向前走,两只两只一起走。
最帅的停下来交朋友。
然后继续向前走,大雨来前快快走。

一、
二、
一!

好多皮特向前走，三只三只一起走。走啊走！
好多皮特向前走，三只三只一起走。走啊走！

好多皮特向前走,三只三只一起走。
最帅的停下来买铃鼓。
然后继续向前走,大雨来前快快走。

一、二、一!

好多皮特向前走,四只四只一起走。走啊走!
好多皮特向前走,四只四只一起走。走啊走!

好多皮特向前走,四只四只一起走。
最帅的停在大门口。
然后继续向前走,大雨来前快快走。

一、二、一!

好多皮特向前走,五只五只一起走。走啊走!
好多皮特向前走,五只五只一起走。走啊走!

好多皮特向前走,五只五只一起走。
最帅的停下来搭车走。
然后继续向前走,大雨来前快快走。

一、二、一!

好多皮特向前走,六只六只一起走。走啊走!
好多皮特向前走,六只六只一起走。走啊走!

好多皮特向前走,六只六只一起走。
最帅的停下来捡鼓棒。
然后继续向前走,大雨来前快快走。

一、二、一!

好多皮特向前走,七只七只一起走。走啊走!
好多皮特向前走,七只七只一起走。走啊走!

好多皮特向前走,七只七只一起走。
最帅的停下来弹一首。

然后继续向前走,大雨来前快快走。

一、二、一!

好多皮特向前走,八只八只一起走。走啊走!
好多皮特向前走,八只八只一起走。走啊走!

好多皮特向前走,八只八只一起走。最帅的停下来等乐队好朋友。

然后继续向前走,大雨来前快快走。

一、二、一!

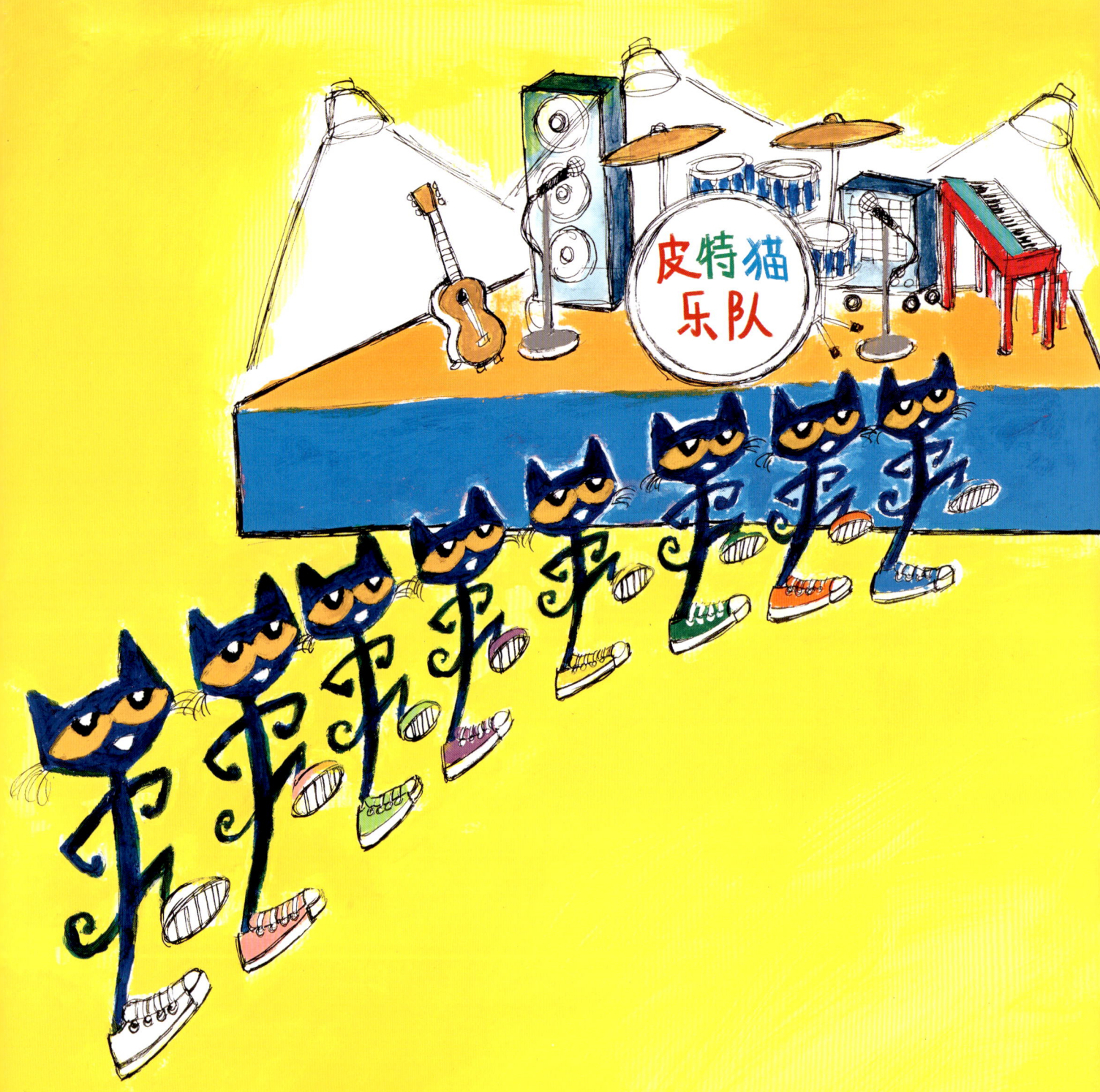

好多皮特向前走,九只九只一起走。走啊走!
好多皮特向前走,九只九只一起走。走啊走!

好多皮特向前走,九只九只一起走。
最帅的停下来看时间。

然后继续向前走,大雨来前快快走。

一、二、一!

好多皮特走上台,十只十只一起来。弹啊弹!
好多皮特走上台,十只十只一起来。弹啊弹!
好多皮特走上台,十只十只一起来。

最帅的停下来喊：

"结束表演！"

大家为皮特猫乐队在雨天带来的摇滚演唱欢呼呐喊。